BEI GRIN MACHT SICH IHR WISSEN BEZAHLT

AF140788

- Wir veröffentlichen Ihre Hausarbeit,
  Bachelor- und Masterarbeit

- Ihr eigenes eBook und Buch -
  weltweit in allen wichtigen Shops

- Verdienen Sie an jedem Verkauf

Jetzt bei www.GRIN.com hochladen und kostenlos publizieren

Bibliografische Information der Deutschen Nationalbibliothek:

Die Deutsche Bibliothek verzeichnet diese Publikation in der Deutschen National-
bibliografie; detaillierte bibliografische Daten sind im Internet über http://dnb.d-
nb.de/ abrufbar.

Impressum:

Copyright © 2015 GRIN Verlag
Druck und Bindung: Books on Demand GmbH, Norderstedt Germany
ISBN: 9783668637986

Dieses Buch bei GRIN:

https://www.grin.com/document/412067

Irina Wolinski

Trainingsplanung für das Ausdauertraining für eine gesunde 21-jährige Studentin

GRIN Verlag

GRIN - Your knowledge has value

Der GRIN Verlag publiziert seit 1998 wissenschaftliche Arbeiten von Studenten, Hochschullehrern und anderen Akademikern als eBook und gedrucktes Buch. Die Verlagswebsite www.grin.com ist die ideale Plattform zur Veröffentlichung von Hausarbeiten, Abschlussarbeiten, wissenschaftlichen Aufsätzen, Dissertationen und Fachbüchern.

Besuchen Sie uns im Internet:

http://www.grin.com/

http://www.facebook.com/grincom

http://www.twitter.com/grin_com

Inhaltsverzeichnis

1   DIAGNOSE 2

1.1   Allgemeine und biometrische Daten 2

1.2   Leistungsdiagnostik / Ausdauertestung 3

    1.2.1   Begründung des ausgewählten Fahrradergometertests 3

    1.2.2   Durchführung des Fahrradergometertests und Darstellung des Testverlaufs 4

    1.2.3   Bewertung des erzielten Testergebnisses 5

1.3   Gesundheits- und Leistungsstatus der Person 6

2   ZIELSETZUNG / PROGNOSE 6

3   TRAININGSPLANUNG MESOZYKLUS 7

3.1   Grobplanung Mesozyklus 7

3.2   Detailplanung Mesozyklus 8

3.3   Begründung zum Mesozyklus 9

    3.3.1   Begründung zum angestrebten wöchentlichen Belastungsumfang 9

    3.3.2   Begründung zu den ausgewählten Trainingsmethoden 9

    3.3.3   Begründung zur Belastungsprogression 10

    3.3.4   Begründung zu den angesteuerten Trainingsbereichen 11

    3.3.5   Begründung den ausgewählten Ausdauergeräte bzw. Bewegungsformen 11

4   LITERATURRECHERCHE 11

5   LITERATURVERZEICHNIS 17

6   ABBILDUNGS- UND TABELLENVERZEICHNIS 18

6.1   Abbildungsverzeichnis 18

6.2   Tabellenverzeichnis 18

1 Diagnose

1.1 Allgemeine und biometrische Daten

Tab. 1: Erhebung der allgemeinen und biometrischen Daten (eigene Darstellung)

Allgemeine Daten	
Alter	21
Geschlecht	Weiblich
Körpergröße	160 cm
Körpergewicht	58 kg
Trainingsmotive	Gewichtsreduktion
	Im eigenen Körper wieder wohl fühlen
	Verbesserung der Fitness
	Allgemeine Gesundheitsförderung
	Stressabbau
Berufliche Tätigkeit	Studentin
Aktuelle und frühere sportliche Aktivitäten	Aktuelle sportliche Aktivität:
	Seit fünf Jahren keine sportliche Betätigung, keine Erfahrungen im Ausdauertraining
	Frühere sportliche Aktivität:
	Im Alter von elf bis 16 : Handball (2 mal pro Woche)
Zeitlicher Verfügungsrahmen	3-mal pro Woche, ca. 1 Stunde
Aktueller Leistungsstand	Beginner
Biometrische Daten	
Ruhepuls	71 Schläge/ Minute
Blutdruck	113/75 mmHg

Es liegen keine orthopädischen oder internistischen Erkrankungen vor, sodass keine regelmäßige Medikamenteneinnahme erfolgt, die eine Rücksichtnahme erfordert.

Die nachfolgenden Tabellen stellen die anerkannten Normwerte für den Blutdruck und die Ruheherzfrequenz dar.

Tab. 2: Blutdruckklassifikation der American Heart Association (Eifler, 2015, S.273)

Bewertungsstufen	systolischer Blutdruck	Diastolischer Blutdruck
Normblutdruck (Normotonie)		
Optimal	Unter 120 mmHg	Unter 80 mmHg
Normal	Unter 130 mmHg	Unter 85 mmHg
Hochnormal	130 – 139 mmHg	85 – 89 mmHg
Bluthochdruck (arterielle Hypertonie)		
Stufe 1	140 – 159 mmHg	90 – 99 mmHg
Stufe 2	160 – 179 mmHg	100 – 109 mmHg
Stufe 3	>180 mmHg	> 110 mmHg

Tab. 3: Normwerte der Herzfrequenz in Ruhe (modifiziert nach Eifler, 2015, S. 179)

Bewertung	Herzfrequenz in Ruhe
Bradykardie	< 60 Schläge pro Minute
Normal	60-80 Schläge pro Minute
Tachykardie	> 100 Schläge pro Minute

Die biometrischen Parameter der Sportlerin sind wie folgt zu beurteilen:

Der Blutdruck, der 113/75 mmHg beträgt, wird als optimal eingestuft, da der systolische Wert unter 120 mmHg und der diastolische Wert unter 80 mmHg liegt.

Der Ruhepuls der Sportlerin beträgt 71 Schläge pro Minute, sodass die Herzfrequenz als normal zu beurteilen ist, da der Normwert zwischen 60 und 80 Schläge pro Minute beträgt.

1.2 Leistungsdiagnostik / Ausdauertestung

Zur Ermittlung der Ausdauerleistungsfähigkeit der Sportlerin wird der WHO-Test auf einem Fahrradergometer gewählt.

1.2.1 Begründung des ausgewählten Fahrradergometertests

Der WHO-Test wurde aufgrund des Leistungsstandes der Probandin, der durch die Anamnese erfragt wurde, gewählt. Die Sportlerin ist untrainiert und hat keinerlei Erfahrungen im Ausdauertraining. Dieser Fahrradergometertest wird unter der submaximalen Belastung in Form eines Stufentests durchgeführt (Kettenis & Eifler, 2015, S.69). Den Stufentest charakterisiert eine langsame und kontinuierliche Steigerung der

Belastungsintensität, dabei wird die Reaktion des Organismus auf die Belastungsverän-
derung untersucht. Als physiologischer Referenzwert dient dabei die Herzfrequenz
(Kettenis & Eifler, 2015, S.56).

1.2.2 Durchführung des Fahrradergometertests und Darstellung des Testverlaufs

Zunächst wird eine Voreinstufung für den Ergometertest vorgenommen, um eine Zielherzfrequenz ermitteln zu können. Dabei wird das Alter und der Ruhepuls berücksichtig.
Die Probandin ist 21 Jahre alt und hat einen Ruhepuls von 71 Schlägen pro Minute. Die
individuelle Zielherzfrequenz beträgt 145. Zusätzlich werden die Trainingshäufigkeiten
mit ausdauerrelevanten sportlichen Aktivitäten berücksichtigt. Da die Sportlerin kein
Ausdauertraining betreibt, gibt es keinen Pulsaufschlag (Kettenis & Eifler, 2015, S.67-
68). Anschließend wurde der WHO-Test durchgeführt, der in der nachfolgenden Tabelle
dargestellt wird.

Tab. 4: Darstellung des Testverlaufs (eigene Darstellung)

Testform: WHO-Test Submaximale Belastung (Kettenis & Eifler, 2015, S. 69)		Datum: 11.11.2015	
Eingangsbelastung	25 Watt (Kettenis & Eifler, 2015, S. 69)	Belastungssteigerung	25 Watt (Kettenis & Eifler, 2015, S. 69)
Stufendauer	2 min (Kettenis & Eifler, 2015, S. 69)	Trittfrequenz	60-80 U/min (Kettenis & Eifler, 2015, S. 69)
Pulsobergrenze nach IPN	145 S/min (Kettenis & Eifler, 2015, S. 67-68)	Abbruchgrenze	150 S/min
Ruhepuls	71 S/min	Gewicht	58 kg
Geschlecht	Weiblich	Alter	21

Zeit	Watt	Hf 1	Hf 2
2 Minuten	25	99 S/min	103 S/min
4 Minuten	50	106 S/min	109 S/min
6 Minuten	75	115 S/min	122 S/min
8 Minuten	100	132 S/min	139 S/min
10 Minuten	125	145 S/min	150 S/min
Watt gesamt	112,5		
Watt/kg Körpergewicht	1,94		
Bewertung nach Normtabelle	Nach der Normtabelle liegt die Sportlerin im Durchschnitt des Normwertes „für eine untrainierte Person nach der Zweidrittel-Leistung" (Kettenis & Eifler, 2015, S.76). Der „Intensitätsfaktor zur Berechnung der empfohlenen Trainingsherzfrequenz" (Kettenis & Eifler, 2015, S.76) beträgt zwischen 0,61 und 0,62.		

1.2.3 Bewertung des erzielten Testergebnisses

Alter / Intensität	< 30	30-34	35-39	40-44	45-49	50-54	55-59	> 60	Bewertung
0,50	1,15	1,09	1,04	0,98	0,92	0,86	0,81	0,75	☹☹
0,51	1,2	1,14	1,08	1,02	0,96	0,90	0,84	0,78	☹☹
0,52	1,25	1,19	1,13	1,06	1,00	0,94	0,88	0,81	☹☹
0,53	1,3	1,24	1,17	1,11	1,04	0,98	0,91	0,85	☹☹
0,54	1,35	1,28	1,22	1,15	1,08	1,01	0,95	0,88	☹☹
0,55	1,40	1,33	1,26	1,19	1,12	1,05	0,98	0,91	☹
0,56	1,45	1,38	1,31	1,23	1,16	1,09	1,02	0,94	☹
0,57	1,50	1,43	1,35	1,28	1,20	1,13	1,05	0,98	☹
0,58	1,55	1,47	1,40	1,32	1,24	1,16	1,09	1,01	☹
0,59	1,60	1,52	1,44	1,36	1,28	1,20	1,12	1,04	☹
0,6	1,70	1,62	1,53	1,45	1,36	1,28	1,19	1,11	Ø
0,61	1,80	1,71	1,62	1,53	1,44	1,35	1,26	1,17	Ø
0,62	2,00	1,90	1,80	1,70	1,60	1,50	1,40	1,30	Ø
0,63	2,10	2,00	1,89	1,79	1,68	1,58	1,47	1,37	☺
0,64	2,30	2,19	2,07	1,96	1,84	1,73	1,61	1,50	☺
0,65	2,40	2,28	2,16	2,04	1,92	1,80	1,68	1,56	☺
0,66	2,60	2,47	2,34	2,21	2,08	1,95	1,82	1,69	☺☺
0,67	2,80	2,66	2,52	2,38	2,24	2,10	1,96	1,82	☺☺
0,68	3,00	2,85	2,70	2,55	2,40	2,25	2,10	1,95	☺☺
0,69	3,20	3,04	2,88	2,72	2,56	2,40	2,24	2,08	☺☺
0,70	3,40	3,23	3,06	2,89	2,72	2,55	2,38	2,21	☺☺

Abb. 1: Normtabelle für submaximale Fahrradergometertests bei Frauen (Kettenis & Eifler, 2015, S. 76)

Die Sportlerin absolvierte den WHO-Test, bei dem die Stufendauer zwei Minuten beträgt und die Belastungssteigerung um 25 Watt erfolgt, wobei die Trittfrequenz zwischen 60 und 80 Umdrehungen pro Minute gehalten wird (Kettenis & Eifler, 2015, S. 69). Unter diesen Bedingungen durchfuhr die Probandin neun Minuten, dies entspricht vier und eine halbe Stufen, den Fahrradergometertest ohne die Pulsobergrenze zu überschreiten. In der zehnten Minute stieg jedoch der Puls bis zur Abbruchgrenze von 150 Schlägen pro Minute an, sodass der WHO-Test abgebrochen wurde. Die Sportlerin erreichte eine Gesamtleistung von 112,5 Watt. Die Gesamtleistung wird zeitinterpoliert berechnet. Das bedeutet, dass die ersten vier Stufen vollständig absolviert wurden, wobei der Widerstand von 100 Watt über die gesamte Stufendauer überwunden werden konnte, ohne die Pulsobergrenze zu überschreiten. Aufgrund dessen, dass die fünfte Stufe nur zur Hälfte gewertet werden kann, da die Pulsobergrenze in der zweiten Hälften überschritten wurde, halbiert man die 25 Watt der letzten Stufe. So entsteht eine Gesamtleistung von 112,5 Watt. Wenn man die 112,5 Watt auf das Körpergewicht der Probandin umrechnet, so ergeben sich 1,94 Watt pro Kilogramm Körpergewicht. Dieses Ergebnis zeigt, dass die Sportlerin alters- und geschlechtsspezifisch ein durchschnittliches Ausdauerleistungsvermögen vorweist. Der empfohlene Intensitätsfaktor zur Berechnung der Trainingsherzfrequenz liegt zwischen 0,61 und 0,62 (Kettenis & Eifler, 2015, S.76). Die Probandin beurteilt den Test nach dem subjektiven Belastungsempfinden als wenig anstrengend nach der BORG-Skala.

1.3 Gesundheits- und Leistungsstatus der Person

Die Sportlerin weist einen guten Gesundheitszustand vor, da die Blutdruckwerte und die Herzfrequenz im Normbereich liegen. Sie hat weiterhin keine orthopädischen oder internistischen Erkrankungen, die den Gesundheits- und Leistungszustand negativ beeinflussen könnten. Aus gesundheitlicher Sicht kann die Belastbarkeit und Trainierbarkeit, im Rahmen des Trainingsplans, uneingeschränkt gesteuert werden. Hinsichtlich des Leistungszustandes wird die Probandin als Beginner eingestuft, aufgrund dessen, dass sie in den letzten fünf Jahren keine regelmäßigen sportlichen Aktivitäten betrieben hat und zu keiner Zeit gezielt Ausdauertraining ausgeübt hat. Obwohl die Sportlerin einen guten Gesundheitszustand aufweist, jedoch keine Erfahrungen im Ausdauertraining vorweist, ist es sinnvoll die Belastung anfangs geringer anzusetzen und in regelmäßigen Abständen zu steigern, sodass Erfolge in den Re-Tests zu verzeichnen sind.

2 Zielsetzung / Prognose

Tab. 5: Zielsetzung (eigene Darstellung)

Inhalt	Ausmaß	Zeit
Gewichtsreduktion	2- 3 kg	10 Wochen
Senkung der Herzfrequenz in Ruhe	5-10 Schläge/ Minute	10 Wochen
Steigerung der Wattleistung im submaximalen Fahrradergometertests	0,4 Watt / kg Körpergewicht	10 Wochen

Bei der Zielsetzung wurden die Wünsche und Bedürfnisse der Sportlerin berücksichtigt. Das Ziel der Gewichtsreduktion von zwei bis drei Kilogramm innerhalb von zehn Wochen wurde auf Kundenwunsch festgelegt, da sie sich in ihrem Körper wieder wohl fühlen möchte. Ebenfalls wünscht sie sich wieder fitter zu sein, sodass das Ziel der Steigerung der Wattleistung im submaximalen Fahrradergometertest um 0,4 Watt pro Kilogramm des Körpergewichts innerhalb von zehn Wochen formuliert wurde. Weiterhin war es der Sportlerin wichtig, ihren Gesundheitszustand zu erhalten oder sogar zu verbessern, weshalb das Ziel der Senkung der Herzfrequenz in Ruhe um fünf bis zehn Schlägen pro Minute innerhalb von zehn Wochen festgelegt wurde.

3 Trainingsplanung Mesozyklus

3.1 Grobplanung Mesozyklus

Die nachfolgende Tabelle stellt die Grobplanung eines Mesozyklus für eine Sportlerin, im Alter von 21 Jahren, ohne Erfahrungen im Ausdauersport dar.

Tab. 6: Grobplanung eines Mesozyklus für einen Beginner (eigene Darstellung)

Dauer des Mesozyklus	6 Wochen
Übergeordnete spezifische Trainingszielsetzung	Entwicklung der Grundlagenausdauer (GA1) Stabilisierung der Grundlagenausdauer (GA1)
Wöchentlicher Gesamttrainingsumfang	120 - 180 Minuten
Vorgesehene Trainingsmethoden für den Mesozyklus	- extensive Dauermethode - variable Dauermethode
Vorgesehene Belastungsintensität	- 45 bis 65% $HF_{Reserve}$ (extensiv) (Kettenis & Eifler, 2015, S.160) - 45 bis 80% $HF_{Reserve}$ (variabel) (Kettenis & Eifler, 2015, S. 164) - 50 bis 60 % HF_{max} (REKOM) (Kettenis & Eifler, 2015, S.191)
Trainingshäufigkeit pro Woche	3-mal, ca. 1 Stunde
Trainingsdauer für die Trainingseinheiten	- 30 bis 120 Minuten (extensiv) (Kettenis & Eifler, 2015, S.160) - 30 bis 90 Minuten (variabel) (Kettenis & Eifler, 2015, S. 162) - 30 Minuten (Rekom) (Kettenis & Eifler, 2015, S.191)
Trainingsgeräte	Fahrradergometer, Crosstrainer

3.2 Detailplanung Mesozyklus

In der folgenden Tabelle ist die Detailplanung eines Mesozyklus dargestellt.

Tab. 7: Detailplanung eines Mesozyklus für einen Beginner (eigene Darstellung)

	Woche 1			Woche 2		
Trainingstag	Montag	Mittwoch	Freitag	Montag	Mittwoch	Freitag
Trainingsziel	Aufbau Grundlagenausdauer (GA1)			Aufbau Grundlagenausdauer (GA1)		
Trainingsmethode	Extensive Dauermethode			Extensive Dauermethode		
Trainingsintensität in % HF$_{Reserve}$	50 bis 55	50 bis 55	50 bis 55	50 bis 55	55 bis 60	55 bis 60
Trainingsherzfrequenz nach Karvonen in S/min	125 bis 130	135 bis 141	125 bis 130	125 bis 130	141 bis 148	130 bis 136
Trainingsdauer	40 min	40 min	45 min	45 min	45 min	45 min
Trainingsgeräte	Fahrrad-ergometer	Cross-trainer	Fahrrad-ergometer	Fahrrad-ergometer	Cross-Trainer	Fahrrad-ergometer
	Woche 3			Woche 4		
Trainingstag	Montag	Mittwoch	Freitag	Montag	Mittwoch	Freitag
Trainingsziel	Stabilisierung der Grundlagenausdauer (GA1)			Stabilisierung der Grundlagenausdauer (GA1)		
Trainingsmethode	Variable Dauermethode			Variable Dauermethode		
Trainingsintensität in % HF$_{Reserve}$	60 bis 75	60 bis 75	60 bis 75	60 bis 75	60 bis 75	60 bis 75
Trainingsherzfrequenz nach Karvonen in S/min	136 bis 152	148 bis 167	136 bis 152	136 bis 152	148 bis 167	136 bis 152
Trainingsdauer	40 min (5:5)	40 min (5:5)	40 min (5:5)	40 min (5:5)	40 min (5:5)	40 min (5:5)
Trainingsgeräte	Fahrrad-ergometer	Cross-trainer	Fahrrad-ergometer	Fahrrad-ergometer	Cross-Trainer	Fahrrad-ergometer
	Woche 5			Woche 6		
Trainingstag	Montag	Mittwoch	Freitag	Montag	Mittwoch	Freitag
Trainingsziel	REKOM Unterstützung der Regeneration			Stabilisierung der Grundlagenausdauer (GA1)		
Trainingsmethode	Extensive Dauermethode			Extensive Dauermethode		
Trainingsintensität	50 bis 60 % HF$_{max}$	50 bis 60 % HF$_{max}$	50 bis 60 % HF$_{max}$	60 bis 65 % HF$_{Reserve}$	60 bis 65 % HF$_{Reserve}$	60 bis 65 % HF$_{Reserve}$
Trainingsherzfrequenz	90 bis 107 S/min nach ACSM	100 bis 119 S/min nach ACSM	90 bis 107 S/min nach ACSM	136 bis 141 S/min nach Karvonen	148 bis 154 S/min nach Karvonen	136 bis 141 S/min nach Karvonen
Trainingsdauer	30 min	35 min	40 min	45 min	45 min	45 min
Trainingsgeräte	Fahrrad-ergometer	Cross-trainer	Fahrrad-ergometer	Fahrrad-ergometer	Cross-Trainer	Fahrrad-ergometer

3.3 Begründung zum Mesozyklus

3.3.1 Begründung zum angestrebten wöchentlichen Belastungsumfang

Die Probandin gab einen zeitlichen Verfügungsrahmen von drei Trainingseinheiten pro Woche á maximal eine Stunde an. Aufgrund dessen, dass die Sportlerin den allgemeinen Gesundheitszustand verbessern und den alltäglichen Stress reduzieren möchte, wurde im Trainingsplan zunächst eine Trainingshäufigkeit von drei Einheiten pro Woche festgesetzt, um eine Regelmäßigkeit in den Trainingsplan zu bringen. Dies entspricht der empfohlenen Mindesttrainingshäufigkeit pro Woche für ein präventiv ausgerichtetes Training. Die Trainingsdauer je Trainingseinheit liegt, je nach Trainingsmethode, zwischen 30 und 45 Minuten. Diese Dauer entspricht ebenfalls den Empfehlungen für ein präventiv ausgerichtetes Ausdauertraining (Güllich & Krüger, 2013, S.186). Weiterhin wird diese Trainingsdauer der Langzeitausdauer zugeordnet. „Bei einer Dauer von 10-35 min, der Langzeitausdauer 1, werden oxidative Energiebereitstellung, Glukosestoffwechsel und Laktattoleranz besonders angesprochen. Mit steigendem Umfang auf 35-90 min und länger (Langzeitausdauer 2) gewinnen zunehmend die oxidative Energiebereitstellung, die Speicher der Glukose und der Glukosestoffwechsel eine leistungsbestimmende Bedeutung" (Gimbel, 2014, S.194). Der wöchentliche Belastungsumfang wurde so für den ersten Mesozyklus gewählt, um in den späteren Mesozyklen weitere Steigerungen des Belastungsumfanges ermöglichen zu können. Dabei wird die Grundregel der Belastungssteigerung angewandt, die besagt, dass die Steigerung des Umfanges vor der Steigerung der Intensität erfolgen sollte (Marquard, Gustafsson & Loeffelholz, 2010, S.213).

3.3.2 Begründung zu den ausgewählten Trainingsmethoden

Der Mesozyklus wurde aus der extensiven und variablen Dauermethode aufgebaut, aufgrund dessen, dass die Sportlerin bisher keine Erfahrungen im Ausdauersport vorweist und ihre letzte sportliche Aktivität bereits fünf Jahre zurück liegt, sodass sie als Beginner eingestuft werden muss. „Die Dauermethode ist die am häufigsten eingesetzte Trainingsmethode und dient der Verbesserung der allgemeinen aeroben dynamischen Ausdauer" (Zägelein, 2013, S.85). Aufgrund dessen, dass die Probandin an der Gesundheitsförderung interessiert ist, ist die Dauermethode eine gute Wahl, denn „mit der Dauermethode erreicht man eine Ökonomisierung der Herz-Kreislauf-Wirkung, eine Verbesserung der aeroben Ausdauerleistungsfähigkeit, des aeroben Stoffwechsels und der Fettverbrennung" (Zägelein, 2013, S.85). Die extensive Dauermethode ist durch geringe Belastungsintensitäten mit einem Trainingsumfang zwischen 10 min bis 2 Stunden gekennzeichnet.

Unter diesen Bedingungen wird der oxidative Stoffwechsel trainiert. Außer den bereits genannten Effekten, hat diese Methode weitere positive Effekte auf den Körper. Zum Einen wird die periphere Durchblutung verbessert und zum Anderen kann es zur Stressreduzierung kommen, da der Organismus „zunehmend unter Einfluss des Parasympathikus" (Gimbel, 2014, S.195) gerät. Die extensive Dauermethode wird außerdem im Regenerations- bzw. Kompensationstraining (REKOM) eingesetzt. Das REKOM unterstützt die Wiederherstellung und beschleunigt die Regeneration (Güllich & Krüger, 2013, S.464).

Die variable Dauermethode setzt sich aus der extensiven und der intensiver Dauermethode zusammen. „Der Wechsel zwischen Belastungs- und aktiven Erholungsphasen ist gleichbedeutend mit einem Wechsel der oxidativen und glykolytischen Energiebereitstellung. Dadurch verbessert sich die Umstellung und Anpassung der beiden energetischen Systeme" (Gimbel, 2014, S. 195). Die Belastungsphasen werden kontinuierlich verlängert und die Erholungsphasen verkürzt, sobald der Sportler Verbesserungen seines Trainingszustandes verzeichnen kann. So kann der Proband, durch regelmäßiges und allmählich steigerndes Trainieren, seine gewünschte Zielstrecke oder eine Strecke über eine bestimmte Zeit ohne Pausen erreichen (Gimbel, 2014, S. 195-196).

3.3.3 Begründung zur Belastungsprogression

Im geplanten Mesozyklus verändert sich in regelmäßigen Abständen die Belastung. Nach dem Prinzip der ansteigenden Belastung sollen gleiche Belastungen auf einen längeren Zeitraum vermieden werden, da der gesetzte Trainingsreiz unterschwellig wird und der Organismus eine Anpassung an die gesetzten Trainingsreize vollzieht. Umso wichtiger wird es den Umfang, je nach dem zeitlichen Verfügungsrahmen des Sportlers, und die Intensität an die Leistungsentwicklung des Probanden anzupassen. Auf diese Art wird außerdem der Monotonie des Ausdauertrainings, nach dem Prinzip der variierenden Belastung, vorgebeugt (Gimbel, 2014, S.18). Ein wichtiger Grundsatz im Ausdauersport ist die Steigerung der Häufigkeit vor dem Umfang vor der Intensität. Da die Sportlerin jedoch nicht öfter als drei Mal pro Woche kommen kann und nur eine Stunde pro Einheit zur Verfügung hat, kann man die Parameter Häufigkeit und Umfang nicht hinreichend verändern, sodass die Belastungsintensität gesteigert werden muss. Zwischen den Trainingstagen ist mindestens ein Tag ohne Training geplant, da nach dem Prinzip des optimalen Verhältnisses von Belastung und Entlastung die Organe jeweils eine unterschiedliche Regenerationszeit benötigen. „Je intensiver das Training, desto länger dauert die Regeneration" (Gimbel, 2014, S.19).

3.3.4 Begründung zu den angesteuerten Trainingsbereichen

Der Trainingsplan der Sportlerin beginnt mit niedrigen Belastungsintensitäten von 50 bis 55 % HF$_{Reserve}$, damit sich der Organismus langsam an die neue Belastung gewöhnt. So müssen, nach dem Prinzip der individualisierten Belastung, die Trainingsintensitäten an die Leistungsfähigkeit des Sportlers angepasst werden, um eine Überbelastung zu vermeiden. Dennoch muss die Intensität ein überschwelliges Training garantieren, denn nach dem Prinzip des trainingswirksamen Reizes führt nur ein Training mit einem überschwelligen Reiz zum Trainingserfolg (Gimbel, 2014, S.18). Die Trainingsintensität wird variiert, um die Trainingsziele besser beeinflussen zu können, gemäß des Prinzips der ansteigenden Belastung. Nur in Woche fünf wird sowohl die Intensität als auch die Trainingsdauer einer Einheit reduziert, um eine aktive Erholungspause, nach zwei Wochen verhältnismäßig hoher Belastung, nach der variablen Dauermethode, für den Organismus zu gewährleisten (Güllich & Krüger, 2013, S.464).

3.3.5 Begründung den ausgewählten Ausdauergeräte bzw. Bewegungsformen

„Es müssen Bewegungsformen zur Anwendung kommen, die einen großen Anteil der Skelettmuskulatur, mindestens jedoch 20%, zyklisch aktivieren. Zu diesen zählen Fahrradfahren, Gehen, Laufen, Nordic Walking, Schwimmen und Rudern" (Fialka-Moser, 2012, S.226). Deshalb wurden die Trainingsgeräte Fahrradergometer und Crosstrainer gewählt. Es wurden zwei Geräte in den Trainingsplan eingeschlossen, um nach dem Prinzip der variierenden Belastung eine Trainingsmonotonie zu vermeiden (Gimbel, 2014, S.18). Das Fahrradergometer ermöglicht eine genaue Dosierung der Belastung, sowie eine optimale Überwachung der Herz-Kreislaufparameter der Sportlerin (Fialka-Moser, 2012, S.505).

4 Literaturrecherche

In den nachfolgenden Tabellen werden zwei Studien zum Thema Effekte des Ausdauertrainings bei arterieller Hypertonie vorgestellt.

Die nachfolgende Tabelle stellt eine Studie aus der Dissertation „Auswirkungen von Ausdauer- vs. Krafttraining vs. der Kombination Ausdauer-/Krafttraining auf die systemische Hämodynamik, Gefäßelastizität sowie Herzfrequenzvariabilität bei Patienten mit arterieller Hypertonie" von Anna Lena Bickenbach dar. Dabei wird ein besonderes Augenmerk auf die Gruppe des reinen Ausdauertrainings gelegt.

Tab. 8: Studie 1 (eigene Darstellung)

Wer hat die Studie durchgeführt?	Anna Lena Bickenbach
In welchem Jahr wurde die Studie publiziert?	2012
Mit welchen Versuchspersonen wurde die Studie durchgeführt?	Für diese Studie erfolgte die Rekrutierung der Probanden durch Anzeigen in lokalen Tageszeitungen. Eine Informationsveranstaltung diente der Aufklärung „über die Ziele der Studie, die Ein- und Ausschlusskriterien, die methodische Vorgehensweise sowie mögliche Risiken" (Bickenbach, 2012, S.22), woraufhin eine schriftliche Einverständniserklärung von den potenziellen Teilnehmern abgegeben werden musste (Bickenbach, 2012, S.22). Das Patientenkollektiv bestand aus 55 Probanden, von denen 13 Frauen und 42 Männer waren. Alle Teilnehmer beendeten diese Studie, sodass die Drop-out-Quote 0% betrug. „Das Einschlusskriterium war die Indikation einer arteriellen Hypertonie Grad I, evaluiert anhand einer 24h-Blutdruckmessung" (Bickenbach, 2012, S.22). Ausschlusskriterien waren „Probanden mit antihypertensiver medikamentöser Einstellung in den vergangenen zwölf Wochen vor Aufnahme der Studie und zum anderen Probanden, die in den letzten drei Monaten regelmäßig sportlich aktiv waren" (Bickenbach, 2012, S.22). Weiterhin wurden „Patientin mit mittelschwerer bis schwerer Hypertonie (WHO/JNC Schweregrad II), bekannter sekundärer Hypertonie, KHK, Herzinsuffizienz, Herzvitien, höhergradigen Erregungsbildungs- und/oder Erregungsleitungsstörungen am Herzen oder einem Herzinfarkt innerhalb der letzten drei Monate vor Aufnahme des Trainings" (Bickenbach, 2012, S. 23) von dieser Studie ausgeschlossen.
Wie sah der Versuchsaufbau der Studie aus?	Es wurde eine ärztliche Untersuchung vor und nach den zwölf Wochen des Trainings

Wie sah der Versuchsaufbau der Studie aus?	durchgeführt. Dabei wurde nicht nur eine Leistungsdiagnostik, sondern auch die Bestimmung von Laborparametern sowie hämodynamischen Variablen bestimmt. Die Untersuchungen wurden im Prä- und Posttest zu gleichen Zeiten und in gleicher Reihenfolge absolviert, damit individuelle Tagesschwankungen vermieden werden konnten. Nach der Eingangsuntersuchung wurden die Probanden in vier verschiedene Gruppen eingeteilt. In folgende Trainingsgruppen konnten die Probanden eingeteilt werden: die Ausdauertrainingsgruppe, die Krafttrainingsgruppe, die Ausdauer- und Krafttrainingsgruppe und die Kontrollgruppe (Bickenbach, 2012, S.23). Die Ausdauertrainingsgruppe umfasste eine Probandenanzahl von dreizehn Personen, davon neun Männer und vier Frauen. Die Teilnehmer wurden aufgefordert „ihre Ess-, Rauch- und Trinkgewohnheiten so konstant wie möglich weiter zu führen" (Bickenbach, 2012, S.24). Die Probanden absolvierten jeweils drei Trainingseinheiten pro Woche, das mit einer fünfminütigen Erwärmung „auf dem Fahrradergometer bei 40% ihrer HF-Reserve" (Bickenbach, 2012, S. 24), die nach der Karvonen-Formel ermittelt wurde, begann. Anschließend begann das Trainingsprogramm, das im Verlauf der zwölf Wochen eine progressive Steigerung der Intensität und Dauer erfuhr. „Die anfängliche Intensität von 50% wurde alle zwei Wochen um 5% gesteigert, bis am Ende eine Intensität von 75% erreicht wurde" (Bickenbach, 2012, S.25).
Welche relevanten Ergebnisse und Schlussfolgerungen lieferte die Studie?	Das Ausdauertraining hat positive Effekte auf den Langzeitblutdruck. Diese Trainingsart bewirkte eine signifikante Verringerung des

	systolischen Blutdrucks um 3,30 mmHg (Bicken-bach, 2012, S. 49) und des diastolischen Blutdrucks um 3,10 mmHG (Bickenbach, 2012, S.50). Das mittlere Blutdruckverhalten bei Tagesaktivitäten reduzierte sich bei den systolischen Werten um 4,50 mmHg (Bickenbach, 2012, S.50) und bei den diastolischen Werten um 4,00 mmHg (Bickenbach, 2012, S.51). Die Veränderungen im Tagesintervall sind als nicht signifikant zu beurteilen. Auch in den Nachtparametern konnte eine Reduzierung des diastolischen Wertes um 0,20 mmHg, jedoch keine Veränderung der systolischen Werte, festgestellt werden. Die Veränderung des Nachtintervalls ist ebenfalls als nicht signifikant zu betrachten (Bickenbach, 2012, S.51).

In der nachfolgenden Tabelle wird eine Studie aus der Dissertation „Kardiovaskuläre Effekte eines aeroben versus isometrischen Trainings bei arterieller Hypertonie" von Stergios Vlatsas dargestellt.

Tab. 9: Studie 2 (eigene Darstellung)

Wer hat die Studie durchgeführt?	Stergios Vlatsas
In welchem Jahr wurde die Studie publiziert?	2015
Mit welchen Versuchspersonen wurde die Studie durchgeführt?	Für diese Studie wurden 70 Probanden rekrutiert. Die Einschlusskriterien waren „das anamnestische Vorhandensein einer arteriellen Hypertonie mit medikamentöser Therapie oder eines Blutdrucks von ≥ 140/90 mmHg" (Vlatsas, 2015, S. 32). Weiterhin wurden für den Einschluss in die Studie eine ausreichende sprachliche Kenntnis, die Gehfähigkeit, die Volljährigkeit und eine Aufklärungs- und Geschäftsfähigkeit gefordert. „Ausschlusskriterien für die Studie
Mit welchen Versuchspersonen wurde die Studie durchgeführt?	waren eine regelmäßige sportliche Aktivität, eine höhergradige periphere Verschlusskrankheit (>

	Stadium 1), ein höhergradiges Aortenvitium (> 1. Grades), eine hypertrophisch obstruktive Kardiomyopathie, eine höhergradige Herzinsuffizienz (> NYHA II), unkontrollierte Herzrhythmusstörungen, ein systolischer Ruheblutdruck $\geq$ 180 mmHg und/oder ein diastolischer Ruheblutdruck $\geq$ 110 mmHg und eine Teilnahme an anderen klinischen Studien" (Vlatsas, 2015, S.33). Probanden mit akutem Medianuskompressionssyndrom und Arthrose wurden ebenfalls von der Studie ausgeschlossen, aufgrund des Faustschlusstrainings (Vlatsas, 2015, S. 33).
Wie sah der Versuchsaufbau der Studie aus?	Diese „prospektive, kontrollierte, randomisierte Studie" (Vlatsas, 2015, S. 31) wurde im Parallelgruppendesign durchgeführt. Die Probanden wurden über die Hypertoniesprechstunde, eine Pressemitteilung und die Station der Klinik für Nephrologie der Charité-Universitätsmedizin Berlin rekrutiert. Die Patienten gaben nach einer ausführlichen Aufklärung ein schriftliches Einverständnis ab, um an der Studie teilnehmen zu können.
	Die Studie bestand aus drei Gruppen. Der erste Studienarm beinhaltete ein isometrisches Faustschlusstraining und schloss 25 Personen ein. Der zweite Studienarm war die Kontrollgruppe (Placebo Faustschluss-Gruppe), in dem 23 Patienten eingeschlossen waren (Vlatsas, 2015, S. 31). Der dritte Studienarm beinhaltete ein aerobes Training, auf das nun ein besonderes Augenmerk gelegt wird. In dieser Gruppe waren 22 Probanden eingeschlossen. Diese wurden motiviert, „entsprechend der Leitlinien, 5 Mal pro Woche 30-45 Minuten ein aerobes Training Ihrer
Wie sah der Versuchsaufbau der Studie aus?	Wahl zu treiben (Joggen, Walking, Radfahren, Schwimmen)" (Vlatsas, 2015, S. 32). Die medikamentöse Therapie blieb bei alle Patienten unverändert (Vlatsas, 2015, S.32).

| Welche relevanten Ergebnisse und Schlussfolgerungen lieferte die Studie? | Signifikante Veränderungen bezüglich des Blutdrucks zeigten sich in der Gruppe mit dem Ausdauertraining. Die 24h- Blutdruckmessung dokumentierte eine statistisch Signifikante Senkung des systolischen und diastolischen Blutdruckes. Der systolische Blutdruck ist von 129,1±10,4 mmHg auf 122,7±11,7 mmHg und der diastolische Blutdruck von 79,5±8,9 mmHg auf 76,7±10,9 mmHg gesunken. „Der blutdrucksenkende Effekt zeigte sich ausgeprägter im Tagesintervall" (Vlatsas, 2015, S. 41). Im Tagesintervall sank der systolische Blutdruck von 133,8±10,8 mmHg auf 126,6±11,2 mmHg und der diastolische Blutdruck von 83,4±9,2 mmHG auf 79,7±11,6 mmHg. Ebenfalls wurde eine nächtliche Senkung des Blutdrucks, jedoch nur die des systolischen Wertes, von 120,8±11,6 mmHg auf 114,7±13,7 mmHg, verzeichnet (Vlatsas, 2015, S. 41). |

5 Literaturverzeichnis

Bickenbach, A. L. (2012). *Auswirkungen von Ausdauer- vs. Krafttraining vs. der Kombination Ausdauer-/Krafttraining auf die systematische Hämodynamik, Gefäßelastizität sowie Herzfrequenzvariabilität bei Patienten mit arterieller Hypertonie*. Zugriff am 18.11.2015. Verfügbar unter http://esport.dshs-koeln.de/314/1/Formatvorlage_Diss_02052012.pdf

Eifler, C. (2015). *Studienbrief Medizinische Grundlagen*. Saarbrücken: Deutsche Hochschule für Prävention und Gesundheitsmanagement.

Fialka-Moser, V. (2012). *Kompendium. Physikalische Medizin und Rehabilitation* (3., erweiterte Aufl.). Wien: Springer.

Gimbel, B. (2014). *Körpermanagement*. Heidelberg: Springer.

Güllich, A., & Krüger, M. (2013). *Sport. Das Lehrbuch für das Sportstudium*. Heidelberg: Springer.

Kettenis, L., & Eifler, C. (2015). *Studienbrief Trainingslehre II - Gesundheitsorientiertes Ausdauertraining*. Saarbrücken: Deutsche Hochschule für Prävention und Gesundheitsmanagement.

Marquardt, M., Gustafsson, B., & von Loeffelholz, C. (2010). *Die Laufbibel. Das Standardwerk zum gesunden Laufen* (8. Aufl.). Hamburg: spomedis.

Vlatsas, S. (2015). *Kardiovaskuläre Effekte eines aeroben versus eines isometrischen Trainings bei arterieller Hypertonie*. Zugriff am 18.11.2015. Verfügbar unter http://www.diss.fu-berlin.de/diss/servlets/MCRFileNodeServlet/ FUDISS_derivate_000000017043/ diss_s.vlatsas.pdf;jsessionid=198821569B50AD701C13F007513470A1?hosts

Zägelein, W. (2013). *Move for Life. Gesund durch Bewegung*. Heidelberg: Springer.

6 Abbildungs- und Tabellenverzeichnis

6.1 Abbildungsverzeichnis

Abb. 1: Normtabelle für submaximale Fahrradergometertests bei Frauen (Kettenis & Eifler, 2015, S. 76) 5

6.2 Tabellenverzeichnis

Tab. 1: Erhebung der allgemeinen und biometrischen Daten (eigene Darstellung) 2

Tab. 2: Blutdruckklassifikation der American Heart Association (Eifler, 2015, S.273).. 3

Tab. 3: Normwerte der Herzfrequenz in Ruhe (modifiziert nach Eifler, 2015, S. 179)... 3

Tab. 4: Darstellung des Testverlaufs (eigene Darstellung) 4

Tab. 5: Zielsetzung (eigene Darstellung) 6

Tab. 6: Grobplanung eines Mesozyklus für einen Beginner (eigene Darstellung) 7

Tab. 7: Detailplanung eines Mesozyklus für einen Beginner (eigene Darstellung)........ 8

Tab. 8: Studie 1 (eigene Darstellung)... 12

Tab. 9: Studie 2 (eigene Darstellung)... 14